Student Respo

for

Sequential Spelling

by

Don McCabe

 126 East Wing Street, Suite 240, Arlington Heights, IL. 60004

Printed in the United States of America.

Wave 3 Learning, Inc. 126 East Wing Street, Suite 240, Arlington Heights, IL 60004

Telephone number (888) WAV-3LRN (928-3576)

Publisher's Cataloging in Publication Data
McCabe, Donald J.
1. Spelling—Miscellanea 2. Reading—Miscellanea 3. Curriculum—Miscellanea 4. Literacy.
Library of Congress Subject Headings: Spelling, Reading, Curriculum
Library of Congress Classification Number: LB1050.2F79
Library of Congress Card Number: To be determined
Dewey Decimal Classification Number 428.4

ISBN: 9781935943051

61st day	1st day	121st day
______	1. ______	1. ______
______	2. ______	2. ______
______	3. ______	3. ______
______	4. ______	4. ______
______	5. ______	5. ______
______	6. ______	6. ______
______	7. ______	7. ______
______	8. ______	8. ______
______	9. ______	9. ______
______	10. ______	10. ______
______	11. ______	11. ______
______	12. ______	12. ______
______	13. ______	13. ______
______	14. ______	14. ______
______	15. ______	15. ______
______	16. ______	16. ______
______	17. ______	17. ______
______	18. ______	18. ______
______	19. ______	19. ______
______	20. ______	20. ______
______	21. ______	21. ______
______	22. ______	22. ______
______	23. ______	23. ______
______	24. ______	24. ______
______	25. ______	25. ______

Mistakes are opportunities to learn

91st day	31st day	151st day
1. ________	1. ________	1. ________
2. ________	2. ________	2. ________
3. ________	3. ________	3. ________
4. ________	4. ________	4. ________
5. ________	5. ________	5. ________
6. ________	6. ________	6. ________
7. ________	7. ________	7. ________
8. ________	8. ________	8. ________
9. ________	9. ________	9. ________
10. ________	10. ________	10. ________
11. ________	11. ________	11. ________
12. ________	12. ________	12. ________
13. ________	13. ________	13. ________
14. ________	14. ________	14. ________
15. ________	15. ________	15. ________
16. ________	16. ________	16. ________
17. ________	17. ________	17. ________
18. ________	18. ________	18. ________
19. ________	19. ________	19. ________
20. ________	20. ________	20. ________
21. ________	21. ________	21. ________
22. ________	22. ________	22. ________
23. ________	23. ________	23. ________
24. ________	24. ________	24. ________
25. ________	25. ________	25. ________

I am proud of who I am and what I do.

62nd day

2nd day

1.
2.
3.
4.
5.
6.
7.
8.
9.
10.
11.
12.
13.
14.
15.
16.
17.
18.
19.
20.
21.
22.
23.
24.
25.

122nd day

1.
2.
3.
4.
5.
6.
7.
8.
9.
10.
11.
12.
13.
14.
15.
16.
17.
18.
19.
20.
21.
22.
23.
24.
25.

Never be ashamed to ask questions.

92nd day

1. ______________________
2. ______________________
3. ______________________
4. ______________________
5. ______________________
6. ______________________
7. ______________________
8. ______________________
9. ______________________
10. ______________________
11. ______________________
12. ______________________
13. ______________________
14. ______________________
15. ______________________
16. ______________________
17. ______________________
18. ______________________
19. ______________________
20. ______________________
21. ______________________
22. ______________________
23. ______________________
24. ______________________
25. ______________________

32nd day

1. ______________________
2. ______________________
3. ______________________
4. ______________________
5. ______________________
6. ______________________
7. ______________________
8. ______________________
9. ______________________
10. ______________________
11. ______________________
12. ______________________
13. ______________________
14. ______________________
15. ______________________
16. ______________________
17. ______________________
18. ______________________
19. ______________________
20. ______________________
21. ______________________
22. ______________________
23. ______________________
24. ______________________
25. ______________________

152nd day

1. ______________________
2. ______________________
3. ______________________
4. ______________________
5. ______________________
6. ______________________
7. ______________________
8. ______________________
9. ______________________
10. ______________________
11. ______________________
12. ______________________
13. ______________________
14. ______________________
15. ______________________
16. ______________________
17. ______________________
18. ______________________
19. ______________________
20. ______________________
21. ______________________
22. ______________________
23. ______________________
24. ______________________
25. ______________________

Mistakes are opportunities to learn

63rd day

____
____
____
____
____
____
____
____
____
). ________________________
. ________________________
. ________________________
. ________________________
. ________________________
. ________________________
. ________________________
. ________________________
. ________________________
. ________________________
. ________________________
. ________________________
. ________________________
. ________________________
. ________________________
____

3rd day

1. ________________________
2. ________________________
3. ________________________
4. ________________________
5. ________________________
6. ________________________
7. ________________________
8. ________________________
9. ________________________
10. ________________________
11. ________________________
12. ________________________
13. ________________________
14. ________________________
15. ________________________
16. ________________________
17. ________________________
18. ________________________
19. ________________________
20. ________________________
21. ________________________
22. ________________________
23. ________________________
24. ________________________
25. ________________________

123rd day

1. ________________________
2. ________________________
3. ________________________
4. ________________________
5. ________________________
6. ________________________
7. ________________________
8. ________________________
9. ________________________
10. ________________________
11. ________________________
12. ________________________
13. ________________________
14. ________________________
15. ________________________
16. ________________________
17. ________________________
18. ________________________
19. ________________________
20. ________________________
21. ________________________
22. ________________________
23. ________________________
24. ________________________
25. ________________________

Mistakes are opportunities to learn

93rd day

1. ____________________
2. ____________________
3. ____________________
4. ____________________
5. ____________________
6. ____________________
7. ____________________
8. ____________________
9. ____________________
10. ____________________
11. ____________________
12. ____________________
13. ____________________
14. ____________________
15. ____________________
16. ____________________
17. ____________________
18. ____________________
19. ____________________
20. ____________________
21. ____________________
22. ____________________
23. ____________________
24. ____________________
25. ____________________

33rd day

1. ____________________
2. ____________________
3. ____________________
4. ____________________
5. ____________________
6. ____________________
7. ____________________
8. ____________________
9. ____________________
10. ____________________
11. ____________________
12. ____________________
13. ____________________
14. ____________________
15. ____________________
16. ____________________
17. ____________________
18. ____________________
19. ____________________
20. ____________________
21. ____________________
22. ____________________
23. ____________________
24. ____________________
25. ____________________

153rd day

1. ____________________
2. ____________________
3. ____________________
4. ____________________
5. ____________________
6. ____________________
7. ____________________
8. ____________________
9. ____________________
10. ____________________
11. ____________________
12. ____________________
13. ____________________
14. ____________________
15. ____________________
16. ____________________
17. ____________________
18. ____________________
19. ____________________
20. ____________________
21. ____________________
22. ____________________
23. ____________________
24. ____________________
25. ____________________

I can remember anything if I forget it enough times.

64th day

______
______
______
______
______
______
______
______
______
______
______
______
______
______
______
______
______
______
______
______
______
______
______
______
______

4th day

1. ______
2. ______
3. ______
4. ______
5. ______
6. ______
7. ______
8. ______
9. ______
10. ______
11. ______
12. ______
13. ______
14. ______
15. ______
16. ______
17. ______
18. ______
19. ______
20. ______
21. ______
22. ______
23. ______
24. ______
25. ______

124th day

1. ______
2. ______
3. ______
4. ______
5. ______
6. ______
7. ______
8. ______
9. ______
10. ______
11. ______
12. ______
13. ______
14. ______
15. ______
16. ______
17. ______
18. ______
19. ______
20. ______
21. ______
22. ______
23. ______
24. ______
25. ______

Mistakes are opportunities to learn

94th day

1. ____
2. ____
3. ____
4. ____
5. ____
6. ____
7. ____
8. ____
9. ____
10. ____
11. ____
12. ____
13. ____
14. ____
15. ____
16. ____
17. ____
18. ____
19. ____
20. ____
21. ____
22. ____
23. ____
24. ____
25. ____

34th day

1. ____
2. ____
3. ____
4. ____
5. ____
6. ____
7. ____
8. ____
9. ____
10. ____
11. ____
12. ____
13. ____
14. ____
15. ____
16. ____
17. ____
18. ____
19. ____
20. ____
21. ____
22. ____
23. ____
24. ____
25. ____

154th day

1. ____
2. ____
3. ____
4. ____
5. ____
6. ____
7. ____
8. ____
9. ____
10. ____
11. ____
12. ____
13. ____
14. ____
15. ____
16. ____
17. ____
18. ____
19. ____
20. ____
21. ____
22. ____
23. ____
24. ____
25. ____

Mistakes are opportunities to learn

65th day

____
____
____
____
____
____
____
____
____
). ________________
. ________________
. ________________
. ________________
. ________________
. ________________
. ________________
. ________________
. ________________
. ________________
. ________________
. ________________
. ________________
. ________________
. ________________
. ________________

5th day

1. ________________
2. ________________
3. ________________
4. ________________
5. ________________
6. ________________
7. ________________
8. ________________
9. ________________
10. ________________
11. ________________
12. ________________
13. ________________
14. ________________
15. ________________
16. ________________
17. ________________
18. ________________
19. ________________
20. ________________
21. ________________
22. ________________
23. ________________
24. ________________
25. ________________

125th day

1. ________________
2. ________________
3. ________________
4. ________________
5. ________________
6. ________________
7. ________________
8. ________________
9. ________________
10. ________________
11. ________________
12. ________________
13. ________________
14. ________________
15. ________________
16. ________________
17. ________________
18. ________________
19. ________________
20. ________________
21. ________________
22. ________________
23. ________________
24. ________________
25. ________________

It isn't how fast we learn that counts. Learning counts.

95th day

1. ______
2. ______
3. ______
4. ______
5. ______
6. ______
7. ______
8. ______
9. ______
10. ______
11. ______
12. ______
13. ______
14. ______
15. ______
16. ______
17. ______
18. ______
19. ______
20. ______
21. ______
22. ______
23. ______
24. ______
25. ______

35th day

1. ______
2. ______
3. ______
4. ______
5. ______
6. ______
7. ______
8. ______
9. ______
10. ______
11. ______
12. ______
13. ______
14. ______
15. ______
16. ______
17. ______
18. ______
19. ______
20. ______
21. ______
22. ______
23. ______
24. ______
25. ______

155th day

1. ______
2. ______
3. ______
4. ______
5. ______
6. ______
7. ______
8. ______
9. ______
10. ______
11. ______
12. ______
13. ______
14. ______
15. ______
16. ______
17. ______
18. ______
19. ______
20. ______
21. ______
22. ______
23. ______
24. ______
25. ______

Mistakes are opportunities to learn

66th day

______
______
______
______
______
______
______
______
______
______
______
______
______
______
______
______
______
______
______
______
______
______
______
______
______

6th day

1. ______
2. ______
3. ______
4. ______
5. ______
6. ______
7. ______
8. ______
9. ______
10. ______
11. ______
12. ______
13. ______
14. ______
15. ______
16. ______
17. ______
18. ______
19. ______
20. ______
21. ______
22. ______
23. ______
24. ______
25. ______

126th day

1. ______
2. ______
3. ______
4. ______
5. ______
6. ______
7. ______
8. ______
9. ______
10. ______
11. ______
12. ______
13. ______
14. ______
15. ______
16. ______
17. ______
18. ______
19. ______
20. ______
21. ______
22. ______
23. ______
24. ______
25. ______

It isn't how fast we learn that counts. Learning counts.

96th day	36th day	156th day
1. ______	1. ______	1. ______
2. ______	2. ______	2. ______
3. ______	3. ______	3. ______
4. ______	4. ______	4. ______
5. ______	5. ______	5. ______
6. ______	6. ______	6. ______
7. ______	7. ______	7. ______
8. ______	8. ______	8. ______
9. ______	9. ______	9. ______
10. ______	10. ______	10. ______
11. ______	11. ______	11. ______
12. ______	12. ______	12. ______
13. ______	13. ______	13. ______
14. ______	14. ______	14. ______
15. ______	15. ______	15. ______
16. ______	16. ______	16. ______
17. ______	17. ______	17. ______
18. ______	18. ______	18. ______
19. ______	19. ______	19. ______
20. ______	20. ______	20. ______
21. ______	21. ______	21. ______
22. ______	22. ______	22. ______
23. ______	23. ______	23. ______
24. ______	24. ______	24. ______
25. ______	25. ______	25. ______

Mistakes are opportunities to learn

67th day

1. ______
2. ______
3. ______
4. ______
5. ______
6. ______
7. ______
8. ______
9. ______
10. ______
11. ______
12. ______
13. ______
14. ______
15. ______
16. ______
17. ______
18. ______
19. ______
20. ______
21. ______
22. ______
23. ______
24. ______
25. ______

7th day

1. ______
2. ______
3. ______
4. ______
5. ______
6. ______
7. ______
8. ______
9. ______
10. ______
11. ______
12. ______
13. ______
14. ______
15. ______
16. ______
17. ______
18. ______
19. ______
20. ______
21. ______
22. ______
23. ______
24. ______
25. ______

127th day

1. ______
2. ______
3. ______
4. ______
5. ______
6. ______
7. ______
8. ______
9. ______
10. ______
11. ______
12. ______
13. ______
14. ______
15. ______
16. ______
17. ______
18. ______
19. ______
20. ______
21. ______
22. ______
23. ______
24. ______
25. ______

I am proud of who I am and what I do.

97th day

1. ______
2. ______
3. ______
4. ______
5. ______
6. ______
7. ______
8. ______
9. ______
10. ______
11. ______
12. ______
13. ______
14. ______
15. ______
16. ______
17. ______
18. ______
19. ______
20. ______
21. ______
22. ______
23. ______
24. ______
25. ______

37th day

1. ______
2. ______
3. ______
4. ______
5. ______
6. ______
7. ______
8. ______
9. ______
10. ______
11. ______
12. ______
13. ______
14. ______
15. ______
16. ______
17. ______
18. ______
19. ______
20. ______
21. ______
22. ______
23. ______
24. ______
25. ______

157th day

1. ______
2. ______
3. ______
4. ______
5. ______
6. ______
7. ______
8. ______
9. ______
10. ______
11. ______
12. ______
13. ______
14. ______
15. ______
16. ______
17. ______
18. ______
19. ______
20. ______
21. ______
22. ______
23. ______
24. ______
25. ______

Mistakes are opportunities to learn

68th day

___
___
___
___
___
___
___
___
___
___
___
___
___
___
___
___
___
___
___
___
___
___
___
___
___

8th day

1. ___
2. ___
3. ___
4. ___
5. ___
6. ___
7. ___
8. ___
9. ___
10. ___
11. ___
12. ___
13. ___
14. ___
15. ___
16. ___
17. ___
18. ___
19. ___
20. ___
21. ___
22. ___
23. ___
24. ___
25. ___

128th day

1. ___
2. ___
3. ___
4. ___
5. ___
6. ___
7. ___
8. ___
9. ___
10. ___
11. ___
12. ___
13. ___
14. ___
15. ___
16. ___
17. ___
18. ___
19. ___
20. ___
21. ___
22. ___
23. ___
24. ___
25. ___

Never be ashamed to ask questions.

98th day	38th day	158th day
1. ______	1. ______	1. ______
2. ______	2. ______	2. ______
3. ______	3. ______	3. ______
4. ______	4. ______	4. ______
5. ______	5. ______	5. ______
6. ______	6. ______	6. ______
7. ______	7. ______	7. ______
8. ______	8. ______	8. ______
9. ______	9. ______	9. ______
10. ______	10. ______	10. ______
11. ______	11. ______	11. ______
12. ______	12. ______	12. ______
13. ______	13. ______	13. ______
14. ______	14. ______	14. ______
15. ______	15. ______	15. ______
16. ______	16. ______	16. ______
17. ______	17. ______	17. ______
18. ______	18. ______	18. ______
19. ______	19. ______	19. ______
20. ______	20. ______	20. ______
21. ______	21. ______	21. ______
22. ______	22. ______	22. ______
23. ______	23. ______	23. ______
24. ______	24. ______	24. ______
25. ______	25. ______	25. ______

Mistakes are opportunities to learn

69th day

____
____
____
____
____
____
____
____
____
____
____
____
____
____
____
____
____
____
____
____
____
____
____
____
____

9th day

1. ____________________
2. ____________________
3. ____________________
4. ____________________
5. ____________________
6. ____________________
7. ____________________
8. ____________________
9. ____________________
10. ____________________
11. ____________________
12. ____________________
13. ____________________
14. ____________________
15. ____________________
16. ____________________
17. ____________________
18. ____________________
19. ____________________
20. ____________________
21. ____________________
22. ____________________
23. ____________________
24. ____________________
25. ____________________

129th day

1. ____________________
2. ____________________
3. ____________________
4. ____________________
5. ____________________
6. ____________________
7. ____________________
8. ____________________
9. ____________________
10. ____________________
11. ____________________
12. ____________________
13. ____________________
14. ____________________
15. ____________________
16. ____________________
17. ____________________
18. ____________________
19. ____________________
20. ____________________
21. ____________________
22. ____________________
23. ____________________
24. ____________________
25. ____________________

There's no such thing as a dumb question.

99th day

1. ______________________
2. ______________________
3. ______________________
4. ______________________
5. ______________________
6. ______________________
7. ______________________
8. ______________________
9. ______________________
10. ______________________
11. ______________________
12. ______________________
13. ______________________
14. ______________________
15. ______________________
16. ______________________
17. ______________________
18. ______________________
19. ______________________
20. ______________________
21. ______________________
22. ______________________
23. ______________________
24. ______________________
25. ______________________

39th day

1. ______________________
2. ______________________
3. ______________________
4. ______________________
5. ______________________
6. ______________________
7. ______________________
8. ______________________
9. ______________________
10. ______________________
11. ______________________
12. ______________________
13. ______________________
14. ______________________
15. ______________________
16. ______________________
17. ______________________
18. ______________________
19. ______________________
20. ______________________
21. ______________________
22. ______________________
23. ______________________
24. ______________________
25. ______________________

159th day

1. ______________________
2. ______________________
3. ______________________
4. ______________________
5. ______________________
6. ______________________
7. ______________________
8. ______________________
9. ______________________
10. ______________________
11. ______________________
12. ______________________
13. ______________________
14. ______________________
15. ______________________
16. ______________________
17. ______________________
18. ______________________
19. ______________________
20. ______________________
21. ______________________
22. ______________________
23. ______________________
24. ______________________
25. ______________________

Mistakes are opportunities to learn

70th day	10th day		130th day	
________	1.	________	1.	________
________	2.	________	2.	________
________	3.	________	3.	________
________	4.	________	4.	________
________	5.	________	5.	________
________	6.	________	6.	________
________	7.	________	7.	________
________	8.	________	8.	________
________	9.	________	9.	________
________	10.	________	10.	________
________	11.	________	11.	________
________	12.	________	12.	________
________	13.	________	13.	________
________	14.	________	14.	________
________	15.	________	15.	________
________	16.	________	16.	________
________	17.	________	17.	________
________	18.	________	18.	________
________	19.	________	19.	________
________	20.	________	20.	________
________	21.	________	21.	________
________	22.	________	22.	________
________	23.	________	23.	________
________	24.	________	24.	________
________	25.	________	25.	________

There's no such thing as a dumb question.

100th day	40th day	160th day
1. ______	1. ______	1. ______
2. ______	2. ______	2. ______
3. ______	3. ______	3. ______
4. ______	4. ______	4. ______
5. ______	5. ______	5. ______
6. ______	6. ______	6. ______
7. ______	7. ______	7. ______
8. ______	8. ______	8. ______
9. ______	9. ______	9. ______
10. ______	10. ______	10. ______
11. ______	11. ______	11. ______
12. ______	12. ______	12. ______
13. ______	13. ______	13. ______
14. ______	14. ______	14. ______
15. ______	15. ______	15. ______
16. ______	16. ______	16. ______
17. ______	17. ______	17. ______
18. ______	18. ______	18. ______
19. ______	19. ______	19. ______
20. ______	20. ______	20. ______
21. ______	21. ______	21. ______
22. ______	22. ______	22. ______
23. ______	23. ______	23. ______
24. ______	24. ______	24. ______
25. ______	25. ______	25. ______

Mistakes are opportunities to learn

71st day	11th day	131st day
________	1. ________	1. ________
________	2. ________	2. ________
________	3. ________	3. ________
________	4. ________	4. ________
________	5. ________	5. ________
________	6. ________	6. ________
________	7. ________	7. ________
________	8. ________	8. ________
________	9. ________	9. ________
________	10. ________	10. ________
________	11. ________	11. ________
________	12. ________	12. ________
________	13. ________	13. ________
________	14. ________	14. ________
________	15. ________	15. ________
________	16. ________	16. ________
________	17. ________	17. ________
________	18. ________	18. ________
________	19. ________	19. ________
________	20. ________	20. ________
________	21. ________	21. ________
________	22. ________	22. ________
________	23. ________	23. ________
________	24. ________	24. ________
________	25. ________	25. ________

There's no such thing as a dumb question.

101st day

1. ____________________
2. ____________________
3. ____________________
4. ____________________
5. ____________________
6. ____________________
7. ____________________
8. ____________________
9. ____________________
10. ____________________
11. ____________________
12. ____________________
13. ____________________
14. ____________________
15. ____________________
16. ____________________
17. ____________________
18. ____________________
19. ____________________
20. ____________________
21. ____________________
22. ____________________
23. ____________________
24. ____________________
25. ____________________

41st day

1. ____________________
2. ____________________
3. ____________________
4. ____________________
5. ____________________
6. ____________________
7. ____________________
8. ____________________
9. ____________________
10. ____________________
11. ____________________
12. ____________________
13. ____________________
14. ____________________
15. ____________________
16. ____________________
17. ____________________
18. ____________________
19. ____________________
20. ____________________
21. ____________________
22. ____________________
23. ____________________
24. ____________________
25. ____________________

161st day

1. ____________________
2. ____________________
3. ____________________
4. ____________________
5. ____________________
6. ____________________
7. ____________________
8. ____________________
9. ____________________
10. ____________________
11. ____________________
12. ____________________
13. ____________________
14. ____________________
15. ____________________
16. ____________________
17. ____________________
18. ____________________
19. ____________________
20. ____________________
21. ____________________
22. ____________________
23. ____________________
24. ____________________
25. ____________________

Mistakes are opportunities to learn

72nd day

1. ________
2. ________
3. ________
4. ________
5. ________
6. ________
7. ________
8. ________
9. ________
10. ________
11. ________
12. ________
13. ________
14. ________
15. ________
16. ________
17. ________
18. ________
19. ________
20. ________
21. ________
22. ________
23. ________
24. ________
25. ________

12th day

1. ________
2. ________
3. ________
4. ________
5. ________
6. ________
7. ________
8. ________
9. ________
10. ________
11. ________
12. ________
13. ________
14. ________
15. ________
16. ________
17. ________
18. ________
19. ________
20. ________
21. ________
22. ________
23. ________
24. ________
25. ________

132nd day

1. ________
2. ________
3. ________
4. ________
5. ________
6. ________
7. ________
8. ________
9. ________
10. ________
11. ________
12. ________
13. ________
14. ________
15. ________
16. ________
17. ________
18. ________
19. ________
20. ________
21. ________
22. ________
23. ________
24. ________
25. ________

I am proud of who I am and what I do.

102nd day

1. ______
2. ______
3. ______
4. ______
5. ______
6. ______
7. ______
8. ______
9. ______
10. ______
11. ______
12. ______
13. ______
14. ______
15. ______
16. ______
17. ______
18. ______
19. ______
20. ______
21. ______
22. ______
23. ______
24. ______
25. ______

42nd day

1. ______
2. ______
3. ______
4. ______
5. ______
6. ______
7. ______
8. ______
9. ______
10. ______
11. ______
12. ______
13. ______
14. ______
15. ______
16. ______
17. ______
18. ______
19. ______
20. ______
21. ______
22. ______
23. ______
24. ______
25. ______

162nd day

1. ______
2. ______
3. ______
4. ______
5. ______
6. ______
7. ______
8. ______
9. ______
10. ______
11. ______
12. ______
13. ______
14. ______
15. ______
16. ______
17. ______
18. ______
19. ______
20. ______
21. ______
22. ______
23. ______
24. ______
25. ______

Mistakes are opportunities to learn

73rd day	13th day	133rd day
	1.	1.
	2.	2.
	3.	3.
	4.	4.
	5.	5.
	6.	6.
	7.	7.
	8.	8.
	9.	9.
	10.	10.
	11.	11.
	12.	12.
	13.	13.
	14.	14.
	15.	15.
	16.	16.
	17.	17.
	18.	18.
	19.	19.
	20.	20.
	21.	21.
	22.	22.
	23.	23.
	24.	24.
	25.	25.

Mistakes are opportunities to learn

103rd day	43rd day	163rd day
1.	1.	1.
2.	2.	2.
3.	3.	3.
4.	4.	4.
5.	5.	5.
6.	6.	6.
7.	7.	7.
8.	8.	8.
9.	9.	9.
10.	10.	10.
11.	11.	11.
12.	12.	12.
13.	13.	13.
14.	14.	14.
15.	15.	15.
16.	16.	16.
17.	17.	17.
18.	18.	18.
19.	19.	19.
20.	20.	20.
21.	21.	21.
22.	22.	22.
23.	23.	23.
24.	24.	24.
25.	25.	25.

Mistakes are opportunities to learn

74th day

1. ____________
2. ____________
3. ____________
4. ____________
5. ____________
6. ____________
7. ____________
8. ____________
9. ____________
10. ____________
11. ____________
12. ____________
13. ____________
14. ____________
15. ____________
16. ____________
17. ____________
18. ____________
19. ____________
20. ____________
21. ____________
22. ____________
23. ____________
24. ____________
25. ____________

14th day

1. ____________
2. ____________
3. ____________
4. ____________
5. ____________
6. ____________
7. ____________
8. ____________
9. ____________
10. ____________
11. ____________
12. ____________
13. ____________
14. ____________
15. ____________
16. ____________
17. ____________
18. ____________
19. ____________
20. ____________
21. ____________
22. ____________
23. ____________
24. ____________
25. ____________

134th day

1. ____________
2. ____________
3. ____________
4. ____________
5. ____________
6. ____________
7. ____________
8. ____________
9. ____________
10. ____________
11. ____________
12. ____________
13. ____________
14. ____________
15. ____________
16. ____________
17. ____________
18. ____________
19. ____________
20. ____________
21. ____________
22. ____________
23. ____________
24. ____________
25. ____________

Mistakes are opportunities to learn

104th day

1. ____________________
2. ____________________
3. ____________________
4. ____________________
5. ____________________
6. ____________________
7. ____________________
8. ____________________
9. ____________________
10. ____________________
11. ____________________
12. ____________________
13. ____________________
14. ____________________
15. ____________________
16. ____________________
17. ____________________
18. ____________________
19. ____________________
20. ____________________
21. ____________________
22. ____________________
23. ____________________
24. ____________________
25. ____________________

44th day

1. ____________________
2. ____________________
3. ____________________
4. ____________________
5. ____________________
6. ____________________
7. ____________________
8. ____________________
9. ____________________
10. ____________________
11. ____________________
12. ____________________
13. ____________________
14. ____________________
15. ____________________
16. ____________________
17. ____________________
18. ____________________
19. ____________________
20. ____________________
21. ____________________
22. ____________________
23. ____________________
24. ____________________
25. ____________________

164th day

1. ____________________
2. ____________________
3. ____________________
4. ____________________
5. ____________________
6. ____________________
7. ____________________
8. ____________________
9. ____________________
10. ____________________
11. ____________________
12. ____________________
13. ____________________
14. ____________________
15. ____________________
16. ____________________
17. ____________________
18. ____________________
19. ____________________
20. ____________________
21. ____________________
22. ____________________
23. ____________________
24. ____________________
25. ____________________

There's no such thing as a dumb question.

75th day

1. ______
2. ______
3. ______
4. ______
5. ______
6. ______
7. ______
8. ______
9. ______
10. ______
11. ______
12. ______
13. ______
14. ______
15. ______
16. ______
17. ______
18. ______
19. ______
20. ______
21. ______
22. ______
23. ______
24. ______
25. ______

15th day

1. ______
2. ______
3. ______
4. ______
5. ______
6. ______
7. ______
8. ______
9. ______
10. ______
11. ______
12. ______
13. ______
14. ______
15. ______
16. ______
17. ______
18. ______
19. ______
20. ______
21. ______
22. ______
23. ______
24. ______
25. ______

135th day

1. ______
2. ______
3. ______
4. ______
5. ______
6. ______
7. ______
8. ______
9. ______
10. ______
11. ______
12. ______
13. ______
14. ______
15. ______
16. ______
17. ______
18. ______
19. ______
20. ______
21. ______
22. ______
23. ______
24. ______
25. ______

It's normal to forget things.

105th day

1. ______________________
2. ______________________
3. ______________________
4. ______________________
5. ______________________
6. ______________________
7. ______________________
8. ______________________
9. ______________________
10. ______________________
11. ______________________
12. ______________________
13. ______________________
14. ______________________
15. ______________________
16. ______________________
17. ______________________
18. ______________________
19. ______________________
20. ______________________
21. ______________________
22. ______________________
23. ______________________
24. ______________________
25. ______________________

45th day

1. ______________________
2. ______________________
3. ______________________
4. ______________________
5. ______________________
6. ______________________
7. ______________________
8. ______________________
9. ______________________
10. ______________________
11. ______________________
12. ______________________
13. ______________________
14. ______________________
15. ______________________
16. ______________________
17. ______________________
18. ______________________
19. ______________________
20. ______________________
21. ______________________
22. ______________________
23. ______________________
24. ______________________
25. ______________________

165th day

1. ______________________
2. ______________________
3. ______________________
4. ______________________
5. ______________________
6. ______________________
7. ______________________
8. ______________________
9. ______________________
10. ______________________
11. ______________________
12. ______________________
13. ______________________
14. ______________________
15. ______________________
16. ______________________
17. ______________________
18. ______________________
19. ______________________
20. ______________________
21. ______________________
22. ______________________
23. ______________________
24. ______________________
25. ______________________

Mistakes are opportunities to learn

76th day

. ____________________
. ____________________
. ____________________
. ____________________
. ____________________
. ____________________
. ____________________
. ____________________
. ____________________
0. ____________________
1. ____________________
2. ____________________
3. ____________________
4. ____________________
5. ____________________
6. ____________________
7. ____________________
8. ____________________
9. ____________________
0. ____________________
1. ____________________
2. ____________________
3. ____________________
4. ____________________
5. ____________________

16th day

1. ____________________
2. ____________________
3. ____________________
4. ____________________
5. ____________________
6. ____________________
7. ____________________
8. ____________________
9. ____________________
10. ____________________
11. ____________________
12. ____________________
13. ____________________
14. ____________________
15. ____________________
16. ____________________
17. ____________________
18. ____________________
19. ____________________
20. ____________________
21. ____________________
22. ____________________
23. ____________________
24. ____________________
25. ____________________

136th day

1. ____________________
2. ____________________
3. ____________________
4. ____________________
5. ____________________
6. ____________________
7. ____________________
8. ____________________
9. ____________________
10. ____________________
11. ____________________
12. ____________________
13. ____________________
14. ____________________
15. ____________________
16. ____________________
17. ____________________
18. ____________________
19. ____________________
20. ____________________
21. ____________________
22. ____________________
23. ____________________
24. ____________________
25. ____________________

It's normal to forget things.

106th day

1. ______________________
2. ______________________
3. ______________________
4. ______________________
5. ______________________
6. ______________________
7. ______________________
8. ______________________
9. ______________________
10. ______________________
11. ______________________
12. ______________________
13. ______________________
14. ______________________
15. ______________________
16. ______________________
17. ______________________
18. ______________________
19. ______________________
20. ______________________
21. ______________________
22. ______________________
23. ______________________
24. ______________________
25. ______________________

46th day

1. ______________________
2. ______________________
3. ______________________
4. ______________________
5. ______________________
6. ______________________
7. ______________________
8. ______________________
9. ______________________
10. ______________________
11. ______________________
12. ______________________
13. ______________________
14. ______________________
15. ______________________
16. ______________________
17. ______________________
18. ______________________
19. ______________________
20. ______________________
21. ______________________
22. ______________________
23. ______________________
24. ______________________
25. ______________________

166th day

1. ______________________
2. ______________________
3. ______________________
4. ______________________
5. ______________________
6. ______________________
7. ______________________
8. ______________________
9. ______________________
10. ______________________
11. ______________________
12. ______________________
13. ______________________
14. ______________________
15. ______________________
16. ______________________
17. ______________________
18. ______________________
19. ______________________
20. ______________________
21. ______________________
22. ______________________
23. ______________________
24. ______________________
25. ______________________

Mentally underline words you don't know. Don't skip them.

77th day

. ______________________
. ______________________
. ______________________
. ______________________
. ______________________
. ______________________
. ______________________
. ______________________
. ______________________
0. ______________________
1. ______________________
2. ______________________
3. ______________________
4. ______________________
5. ______________________
6. ______________________
7. ______________________
8. ______________________
9. ______________________
0. ______________________
1. ______________________
2. ______________________
3. ______________________
4. ______________________
5. ______________________

17th day

1. ______________________
2. ______________________
3. ______________________
4. ______________________
5. ______________________
6. ______________________
7. ______________________
8. ______________________
9. ______________________
10. ______________________
11. ______________________
12. ______________________
13. ______________________
14. ______________________
15. ______________________
16. ______________________
17. ______________________
18. ______________________
19. ______________________
20. ______________________
21. ______________________
22. ______________________
23. ______________________
24. ______________________
25. ______________________

137th day

1. ______________________
2. ______________________
3. ______________________
4. ______________________
5. ______________________
6. ______________________
7. ______________________
8. ______________________
9. ______________________
10. ______________________
11. ______________________
12. ______________________
13. ______________________
14. ______________________
15. ______________________
16. ______________________
17. ______________________
18. ______________________
19. ______________________
20. ______________________
21. ______________________
22. ______________________
23. ______________________
24. ______________________
25. ______________________

Mistakes are opportunities to learn

107th day	47th day	167th day
1. ________	1. ________	1. ________
2. ________	2. ________	2. ________
3. ________	3. ________	3. ________
4. ________	4. ________	4. ________
5. ________	5. ________	5. ________
6. ________	6. ________	6. ________
7. ________	7. ________	7. ________
8. ________	8. ________	8. ________
9. ________	9. ________	9. ________
10. ________	10. ________	10. ________
11. ________	11. ________	11. ________
12. ________	12. ________	12. ________
13. ________	13. ________	13. ________
14. ________	14. ________	14. ________
15. ________	15. ________	15. ________
16. ________	16. ________	16. ________
17. ________	17. ________	17. ________
18. ________	18. ________	18. ________
19. ________	19. ________	19. ________
20. ________	20. ________	20. ________
21. ________	21. ________	21. ________
22. ________	22. ________	22. ________
23. ________	23. ________	23. ________
24. ________	24. ________	24. ________
25. ________	25. ________	25. ________

I can remember anything if I forget it enough times.

78th day

. ______
. ______
. ______
. ______
. ______
. ______
. ______
. ______
. ______
0. ______
1. ______
2. ______
3. ______
4. ______
5. ______
6. ______
7. ______
8. ______
9. ______
0. ______
1. ______
2. ______
3. ______
4. ______
5. ______

18th day

1. ______
2. ______
3. ______
4. ______
5. ______
6. ______
7. ______
8. ______
9. ______
10. ______
11. ______
12. ______
13. ______
14. ______
15. ______
16. ______
17. ______
18. ______
19. ______
20. ______
21. ______
22. ______
23. ______
24. ______
25. ______

138th day

1. ______
2. ______
3. ______
4. ______
5. ______
6. ______
7. ______
8. ______
9. ______
10. ______
11. ______
12. ______
13. ______
14. ______
15. ______
16. ______
17. ______
18. ______
19. ______
20. ______
21. ______
22. ______
23. ______
24. ______
25. ______

Mistakes are opportunities to learn

108th day

1. ______
2. ______
3. ______
4. ______
5. ______
6. ______
7. ______
8. ______
9. ______
10. ______
11. ______
12. ______
13. ______
14. ______
15. ______
16. ______
17. ______
18. ______
19. ______
20. ______
21. ______
22. ______
23. ______
24. ______
25. ______

48th day

1. ______
2. ______
3. ______
4. ______
5. ______
6. ______
7. ______
8. ______
9. ______
10. ______
11. ______
12. ______
13. ______
14. ______
15. ______
16. ______
17. ______
18. ______
19. ______
20. ______
21. ______
22. ______
23. ______
24. ______
25. ______

168th day

1. ______
2. ______
3. ______
4. ______
5. ______
6. ______
7. ______
8. ______
9. ______
10. ______
11. ______
12. ______
13. ______
14. ______
15. ______
16. ______
17. ______
18. ______
19. ______
20. ______
21. ______
22. ______
23. ______
24. ______
25. ______

Mentally underline words you don't know. Don't skip

79th day

1. ____________________
2. ____________________
3. ____________________
4. ____________________
5. ____________________
6. ____________________
7. ____________________
8. ____________________
9. ____________________
10. ____________________
11. ____________________
12. ____________________
13. ____________________
14. ____________________
15. ____________________
16. ____________________
17. ____________________
18. ____________________
19. ____________________
20. ____________________
21. ____________________
22. ____________________
23. ____________________
24. ____________________
25. ____________________

19th day

1. ____________________
2. ____________________
3. ____________________
4. ____________________
5. ____________________
6. ____________________
7. ____________________
8. ____________________
9. ____________________
10. ____________________
11. ____________________
12. ____________________
13. ____________________
14. ____________________
15. ____________________
16. ____________________
17. ____________________
18. ____________________
19. ____________________
20. ____________________
21. ____________________
22. ____________________
23. ____________________
24. ____________________
25. ____________________

139th day

1. ____________________
2. ____________________
3. ____________________
4. ____________________
5. ____________________
6. ____________________
7. ____________________
8. ____________________
9. ____________________
10. ____________________
11. ____________________
12. ____________________
13. ____________________
14. ____________________
15. ____________________
16. ____________________
17. ____________________
18. ____________________
19. ____________________
20. ____________________
21. ____________________
22. ____________________
23. ____________________
24. ____________________
25. ____________________

Mistakes are opportunities to learn

109th day

1. ____________________
2. ____________________
3. ____________________
4. ____________________
5. ____________________
6. ____________________
7. ____________________
8. ____________________
9. ____________________
10. ____________________
11. ____________________
12. ____________________
13. ____________________
14. ____________________
15. ____________________
16. ____________________
17. ____________________
18. ____________________
19. ____________________
20. ____________________
21. ____________________
22. ____________________
23. ____________________
24. ____________________
25. ____________________

49th day

1. ____________________
2. ____________________
3. ____________________
4. ____________________
5. ____________________
6. ____________________
7. ____________________
8. ____________________
9. ____________________
10. ____________________
11. ____________________
12. ____________________
13. ____________________
14. ____________________
15. ____________________
16. ____________________
17. ____________________
18. ____________________
19. ____________________
20. ____________________
21. ____________________
22. ____________________
23. ____________________
24. ____________________
25. ____________________

169th day

1. ____________________
2. ____________________
3. ____________________
4. ____________________
5. ____________________
6. ____________________
7. ____________________
8. ____________________
9. ____________________
10. ____________________
11. ____________________
12. ____________________
13. ____________________
14. ____________________
15. ____________________
16. ____________________
17. ____________________
18. ____________________
19. ____________________
20. ____________________
21. ____________________
22. ____________________
23. ____________________
24. ____________________
25. ____________________

The human mind is the most fantastic of all computers.

80th day

1. ____________________
2. ____________________
3. ____________________
4. ____________________
5. ____________________
6. ____________________
7. ____________________
8. ____________________
9. ____________________
10. ____________________
11. ____________________
12. ____________________
13. ____________________
14. ____________________
15. ____________________
16. ____________________
17. ____________________
18. ____________________
19. ____________________
20. ____________________
21. ____________________
22. ____________________
23. ____________________
24. ____________________
25. ____________________

20th day

1. ____________________
2. ____________________
3. ____________________
4. ____________________
5. ____________________
6. ____________________
7. ____________________
8. ____________________
9. ____________________
10. ____________________
11. ____________________
12. ____________________
13. ____________________
14. ____________________
15. ____________________
16. ____________________
17. ____________________
18. ____________________
19. ____________________
20. ____________________
21. ____________________
22. ____________________
23. ____________________
24. ____________________
25. ____________________

140th day

1. ____________________
2. ____________________
3. ____________________
4. ____________________
5. ____________________
6. ____________________
7. ____________________
8. ____________________
9. ____________________
10. ____________________
11. ____________________
12. ____________________
13. ____________________
14. ____________________
15. ____________________
16. ____________________
17. ____________________
18. ____________________
19. ____________________
20. ____________________
21. ____________________
22. ____________________
23. ____________________
24. ____________________
25. ____________________

Mistakes are opportunities to learn

110th day

1. ____________
2. ____________
3. ____________
4. ____________
5. ____________
6. ____________
7. ____________
8. ____________
9. ____________
10. ____________
11. ____________
12. ____________
13. ____________
14. ____________
15. ____________
16. ____________
17. ____________
18. ____________
19. ____________
20. ____________
21. ____________
22. ____________
23. ____________
24. ____________
25. ____________

50th day

1. ____________
2. ____________
3. ____________
4. ____________
5. ____________
6. ____________
7. ____________
8. ____________
9. ____________
10. ____________
11. ____________
12. ____________
13. ____________
14. ____________
15. ____________
16. ____________
17. ____________
18. ____________
19. ____________
20. ____________
21. ____________
22. ____________
23. ____________
24. ____________
25. ____________

170th day

1. ____________
2. ____________
3. ____________
4. ____________
5. ____________
6. ____________
7. ____________
8. ____________
9. ____________
10. ____________
11. ____________
12. ____________
13. ____________
14. ____________
15. ____________
16. ____________
17. ____________
18. ____________
19. ____________
20. ____________
21. ____________
22. ____________
23. ____________
24. ____________
25. ____________

The human mind is the most fantastic of all computers.

81st day

1. ______
2. ______
3. ______
4. ______
5. ______
6. ______
7. ______
8. ______
9. ______
10. ______
11. ______
12. ______
13. ______
14. ______
15. ______
16. ______
17. ______
18. ______
19. ______
20. ______
21. ______
22. ______
23. ______
24. ______
25. ______

21st day

1. ______
2. ______
3. ______
4. ______
5. ______
6. ______
7. ______
8. ______
9. ______
10. ______
11. ______
12. ______
13. ______
14. ______
15. ______
16. ______
17. ______
18. ______
19. ______
20. ______
21. ______
22. ______
23. ______
24. ______
25. ______

141st day

1. ______
2. ______
3. ______
4. ______
5. ______
6. ______
7. ______
8. ______
9. ______
10. ______
11. ______
12. ______
13. ______
14. ______
15. ______
16. ______
17. ______
18. ______
19. ______
20. ______
21. ______
22. ______
23. ______
24. ______
25. ______

Mistakes are opportunities to learn

111th day	51st day	171st day
1. ______	1. ______	1. ______
2. ______	2. ______	2. ______
3. ______	3. ______	3. ______
4. ______	4. ______	4. ______
5. ______	5. ______	5. ______
6. ______	6. ______	6. ______
7. ______	7. ______	7. ______
8. ______	8. ______	8. ______
9. ______	9. ______	9. ______
10. ______	10. ______	10. ______
11. ______	11. ______	11. ______
12. ______	12. ______	12. ______
13. ______	13. ______	13. ______
14. ______	14. ______	14. ______
15. ______	15. ______	15. ______
16. ______	16. ______	16. ______
17. ______	17. ______	17. ______
18. ______	18. ______	18. ______
19. ______	19. ______	19. ______
20. ______	20. ______	20. ______
21. ______	21. ______	21. ______
22. ______	22. ______	22. ______
23. ______	23. ______	23. ______
24. ______	24. ______	24. ______
25. ______	25. ______	25. ______

The human mind is the most fantastic of all computers.

82nd day	22nd day	142nd day
________	1. ________	1. ________
________	2. ________	2. ________
________	3. ________	3. ________
________	4. ________	4. ________
________	5. ________	5. ________
________	6. ________	6. ________
________	7. ________	7. ________
________	8. ________	8. ________
________	9. ________	9. ________
________	10. ________	10. ________
________	11. ________	11. ________
________	12. ________	12. ________
________	13. ________	13. ________
________	14. ________	14. ________
________	15. ________	15. ________
________	16. ________	16. ________
________	17. ________	17. ________
________	18. ________	18. ________
________	19. ________	19. ________
________	20. ________	20. ________
________	21. ________	21. ________
________	22. ________	22. ________
________	23. ________	23. ________
________	24. ________	24. ________
________	25. ________	25. ________

Mistakes are opportunities to learn

112th day	52nd day	172nd day
1. ______	1. ______	1. ______
2. ______	2. ______	2. ______
3. ______	3. ______	3. ______
4. ______	4. ______	4. ______
5. ______	5. ______	5. ______
6. ______	6. ______	6. ______
7. ______	7. ______	7. ______
8. ______	8. ______	8. ______
9. ______	9. ______	9. ______
10. ______	10. ______	10. ______
11. ______	11. ______	11. ______
12. ______	12. ______	12. ______
13. ______	13. ______	13. ______
14. ______	14. ______	14. ______
15. ______	15. ______	15. ______
16. ______	16. ______	16. ______
17. ______	17. ______	17. ______
18. ______	18. ______	18. ______
19. ______	19. ______	19. ______
20. ______	20. ______	20. ______
21. ______	21. ______	21. ______
22. ______	22. ______	22. ______
23. ______	23. ______	23. ______
24. ______	24. ______	24. ______
25. ______	25. ______	25. ______

Mistakes are opportunities to learn

83rd day	23rd day	143rd day
____	1. ____	1. ____
____	2. ____	2. ____
____	3. ____	3. ____
____	4. ____	4. ____
____	5. ____	5. ____
____	6. ____	6. ____
____	7. ____	7. ____
____	8. ____	8. ____
____	9. ____	9. ____
____	10. ____	10. ____
____	11. ____	11. ____
____	12. ____	12. ____
____	13. ____	13. ____
____	14. ____	14. ____
____	15. ____	15. ____
____	16. ____	16. ____
____	17. ____	17. ____
____	18. ____	18. ____
____	19. ____	19. ____
____	20. ____	20. ____
____	21. ____	21. ____
____	22. ____	22. ____
____	23. ____	23. ____
____	24. ____	24. ____
____	25. ____	25. ____

There's no such thing as a dumb question.

113th day

1. ____________
2. ____________
3. ____________
4. ____________
5. ____________
6. ____________
7. ____________
8. ____________
9. ____________
10. ____________
11. ____________
12. ____________
13. ____________
14. ____________
15. ____________
16. ____________
17. ____________
18. ____________
19. ____________
20. ____________
21. ____________
22. ____________
23. ____________
24. ____________
25. ____________

53rd day

1. ____________
2. ____________
3. ____________
4. ____________
5. ____________
6. ____________
7. ____________
8. ____________
9. ____________
10. ____________
11. ____________
12. ____________
13. ____________
14. ____________
15. ____________
16. ____________
17. ____________
18. ____________
19. ____________
20. ____________
21. ____________
22. ____________
23. ____________
24. ____________
25. ____________

173rd day

1. ____________
2. ____________
3. ____________
4. ____________
5. ____________
6. ____________
7. ____________
8. ____________
9. ____________
10. ____________
11. ____________
12. ____________
13. ____________
14. ____________
15. ____________
16. ____________
17. ____________
18. ____________
19. ____________
20. ____________
21. ____________
22. ____________
23. ____________
24. ____________
25. ____________

Mistakes are opportunities to learn

84th day	24th day	144th day
________	1. ________	1. ________
________	2. ________	2. ________
________	3. ________	3. ________
________	4. ________	4. ________
________	5. ________	5. ________
________	6. ________	6. ________
________	7. ________	7. ________
________	8. ________	8. ________
________	9. ________	9. ________
________	10. ________	10. ________
________	11. ________	11. ________
________	12. ________	12. ________
________	13. ________	13. ________
________	14. ________	14. ________
________	15. ________	15. ________
________	16. ________	16. ________
________	17. ________	17. ________
________	18. ________	18. ________
________	19. ________	19. ________
________	20. ________	20. ________
________	21. ________	21. ________
________	22. ________	22. ________
________	23. ________	23. ________
________	24. ________	24. ________
________	25. ________	25. ________

I can remember anything if I forget it enough times.

114th day

1. ______
2. ______
3. ______
4. ______
5. ______
6. ______
7. ______
8. ______
9. ______
10. ______
11. ______
12. ______
13. ______
14. ______
15. ______
16. ______
17. ______
18. ______
19. ______
20. ______
21. ______
22. ______
23. ______
24. ______
25. ______

54th day

1. ______
2. ______
3. ______
4. ______
5. ______
6. ______
7. ______
8. ______
9. ______
10. ______
11. ______
12. ______
13. ______
14. ______
15. ______
16. ______
17. ______
18. ______
19. ______
20. ______
21. ______
22. ______
23. ______
24. ______
25. ______

174th day

1. ______
2. ______
3. ______
4. ______
5. ______
6. ______
7. ______
8. ______
9. ______
10. ______
11. ______
12. ______
13. ______
14. ______
15. ______
16. ______
17. ______
18. ______
19. ______
20. ______
21. ______
22. ______
23. ______
24. ______
25. ______

Mistakes are opportunities to learn

85th day

1. ____________________
2. ____________________
3. ____________________
4. ____________________
5. ____________________
6. ____________________
7. ____________________
8. ____________________
9. ____________________
10. ____________________
11. ____________________
12. ____________________
13. ____________________
14. ____________________
15. ____________________
16. ____________________
17. ____________________
18. ____________________
19. ____________________
20. ____________________
21. ____________________
22. ____________________
23. ____________________
24. ____________________
25. ____________________

25th day

1. ____________________
2. ____________________
3. ____________________
4. ____________________
5. ____________________
6. ____________________
7. ____________________
8. ____________________
9. ____________________
10. ____________________
11. ____________________
12. ____________________
13. ____________________
14. ____________________
15. ____________________
16. ____________________
17. ____________________
18. ____________________
19. ____________________
20. ____________________
21. ____________________
22. ____________________
23. ____________________
24. ____________________
25. ____________________

145th day

1. ____________________
2. ____________________
3. ____________________
4. ____________________
5. ____________________
6. ____________________
7. ____________________
8. ____________________
9. ____________________
10. ____________________
11. ____________________
12. ____________________
13. ____________________
14. ____________________
15. ____________________
16. ____________________
17. ____________________
18. ____________________
19. ____________________
20. ____________________
21. ____________________
22. ____________________
23. ____________________
24. ____________________
25. ____________________

The human mind is the most fantastic of all computers.

115th day

1. __________
2. __________
3. __________
4. __________
5. __________
6. __________
7. __________
8. __________
9. __________
10. __________
11. __________
12. __________
13. __________
14. __________
15. __________
16. __________
17. __________
18. __________
19. __________
20. __________
21. __________
22. __________
23. __________
24. __________
25. __________

55th day

1. __________
2. __________
3. __________
4. __________
5. __________
6. __________
7. __________
8. __________
9. __________
10. __________
11. __________
12. __________
13. __________
14. __________
15. __________
16. __________
17. __________
18. __________
19. __________
20. __________
21. __________
22. __________
23. __________
24. __________
25. __________

175th day

1. __________
2. __________
3. __________
4. __________
5. __________
6. __________
7. __________
8. __________
9. __________
10. __________
11. __________
12. __________
13. __________
14. __________
15. __________
16. __________
17. __________
18. __________
19. __________
20. __________
21. __________
22. __________
23. __________
24. __________
25. __________

Mistakes are opportunities to learn

86th day

____

____

____

____

____

____

____

____

____

____

____

____

____

____

____

____

____

____

____

____

____

____

____

____

____

26th day

1. ________________________________
2. ________________________________
3. ________________________________
4. ________________________________
5. ________________________________
6. ________________________________
7. ________________________________
8. ________________________________
9. ________________________________
10. ________________________________
11. ________________________________
12. ________________________________
13. ________________________________
14. ________________________________
15. ________________________________
16. ________________________________
17. ________________________________
18. ________________________________
19. ________________________________
20. ________________________________
21. ________________________________
22. ________________________________
23. ________________________________
24. ________________________________
25. ________________________________

146th day

1. ________________________________
2. ________________________________
3. ________________________________
4. ________________________________
5. ________________________________
6. ________________________________
7. ________________________________
8. ________________________________
9. ________________________________
10. ________________________________
11. ________________________________
12. ________________________________
13. ________________________________
14. ________________________________
15. ________________________________
16. ________________________________
17. ________________________________
18. ________________________________
19. ________________________________
20. ________________________________
21. ________________________________
22. ________________________________
23. ________________________________
24. ________________________________
25. ________________________________

Never be ashamed to ask questions.

116th day

1. ______
2. ______
3. ______
4. ______
5. ______
6. ______
7. ______
8. ______
9. ______
10. ______
11. ______
12. ______
13. ______
14. ______
15. ______
16. ______
17. ______
18. ______
19. ______
20. ______
21. ______
22. ______
23. ______
24. ______
25. ______

56th day

1. ______
2. ______
3. ______
4. ______
5. ______
6. ______
7. ______
8. ______
9. ______
10. ______
11. ______
12. ______
13. ______
14. ______
15. ______
16. ______
17. ______
18. ______
19. ______
20. ______
21. ______
22. ______
23. ______
24. ______
25. ______

176th day

1. ______
2. ______
3. ______
4. ______
5. ______
6. ______
7. ______
8. ______
9. ______
10. ______
11. ______
12. ______
13. ______
14. ______
15. ______
16. ______
17. ______
18. ______
19. ______
20. ______
21. ______
22. ______
23. ______
24. ______
25. ______

Mistakes are opportunities to learn

87th day

____
____
____
____
____
____
____
____
____
). ____________
.. ____________
!. ____________
;. ____________
l. ____________
;. ____________
;. ____________
'. ____________
;. ____________
). ____________
). ____________
.. ____________
!. ____________
;. ____________
l. ____________
;. ____________

27th day

1. ____________
2. ____________
3. ____________
4. ____________
5. ____________
6. ____________
7. ____________
8. ____________
9. ____________
10. ____________
11. ____________
12. ____________
13. ____________
14. ____________
15. ____________
16. ____________
17. ____________
18. ____________
19. ____________
20. ____________
21. ____________
22. ____________
23. ____________
24. ____________
25. ____________

147th day

1. ____________
2. ____________
3. ____________
4. ____________
5. ____________
6. ____________
7. ____________
8. ____________
9. ____________
10. ____________
11. ____________
12. ____________
13. ____________
14. ____________
15. ____________
16. ____________
17. ____________
18. ____________
19. ____________
20. ____________
21. ____________
22. ____________
23. ____________
24. ____________
25. ____________

There's no such thing as a dumb person.

117th day	57th day	177th day
1.	1.	1.
2.	2.	2.
3.	3.	3.
4.	4.	4.
5.	5.	5.
6.	6.	6.
7.	7.	7.
8.	8.	8.
9.	9.	9.
10.	10.	10.
11.	11.	11.
12.	12.	12.
13.	13.	13.
14.	14.	14.
15.	15.	15.
16.	16.	16.
17.	17.	17.
18.	18.	18.
19.	19.	19.
20.	20.	20.
21.	21.	21.
22.	22.	22.
23.	23.	23.
24.	24.	24.
25.	25.	25.

Mistakes are opportunities to learn

88th day	28th day	148th day
______	1. ______	1. ______
______	2. ______	2. ______
______	3. ______	3. ______
______	4. ______	4. ______
______	5. ______	5. ______
______	6. ______	6. ______
______	7. ______	7. ______
______	8. ______	8. ______
______	9. ______	9. ______
______	10. ______	10. ______
______	11. ______	11. ______
______	12. ______	12. ______
______	13. ______	13. ______
______	14. ______	14. ______
______	15. ______	15. ______
______	16. ______	16. ______
______	17. ______	17. ______
______	18. ______	18. ______
______	19. ______	19. ______
______	20. ______	20. ______
______	21. ______	21. ______
______	22. ______	22. ______
______	23. ______	23. ______
______	24. ______	24. ______
______	25. ______	25. ______

There's no such thing as a dumb question.

118th day

1. ______
2. ______
3. ______
4. ______
5. ______
6. ______
7. ______
8. ______
9. ______
10. ______
11. ______
12. ______
13. ______
14. ______
15. ______
16. ______
17. ______
18. ______
19. ______
20. ______
21. ______
22. ______
23. ______
24. ______
25. ______

58th day

1. ______
2. ______
3. ______
4. ______
5. ______
6. ______
7. ______
8. ______
9. ______
10. ______
11. ______
12. ______
13. ______
14. ______
15. ______
16. ______
17. ______
18. ______
19. ______
20. ______
21. ______
22. ______
23. ______
24. ______
25. ______

178th day

1. ______
2. ______
3. ______
4. ______
5. ______
6. ______
7. ______
8. ______
9. ______
10. ______
11. ______
12. ______
13. ______
14. ______
15. ______
16. ______
17. ______
18. ______
19. ______
20. ______
21. ______
22. ______
23. ______
24. ______
25. ______

Be proud of who you are and what you do.

89th day

29th day

1. ______
2. ______
3. ______
4. ______
5. ______
6. ______
7. ______
8. ______
9. ______
10. ______
11. ______
12. ______
13. ______
14. ______
15. ______
16. ______
17. ______
18. ______
19. ______
20. ______
21. ______
22. ______
23. ______
24. ______
25. ______

149th day

1. ______
2. ______
3. ______
4. ______
5. ______
6. ______
7. ______
8. ______
9. ______
10. ______
11. ______
12. ______
13. ______
14. ______
15. ______
16. ______
17. ______
18. ______
19. ______
20. ______
21. ______
22. ______
23. ______
24. ______
25. ______

Mistakes are opportunities to learn

119th day	59th day	179th day
1. ______	1. ______	1. ______
2. ______	2. ______	2. ______
3. ______	3. ______	3. ______
4. ______	4. ______	4. ______
5. ______	5. ______	5. ______
6. ______	6. ______	6. ______
7. ______	7. ______	7. ______
8. ______	8. ______	8. ______
9. ______	9. ______	9. ______
10. ______	10. ______	10. ______
11. ______	11. ______	11. ______
12. ______	12. ______	12. ______
13. ______	13. ______	13. ______
14. ______	14. ______	14. ______
15. ______	15. ______	15. ______
16. ______	16. ______	16. ______
17. ______	17. ______	17. ______
18. ______	18. ______	18. ______
19. ______	19. ______	19. ______
20. ______	20. ______	20. ______
21. ______	21. ______	21. ______
22. ______	22. ______	22. ______
23. ______	23. ______	23. ______
24. ______	24. ______	24. ______
25. ______	25. ______	25. ______

If it is to be, it is up to me to do it.

90th day	30th day	150th day
	1.	1.
	2.	2.
	3.	3.
	4.	4.
	5.	5.
	6.	6.
	7.	7.
	8.	8.
	9.	9.
	10.	10.
	11.	11.
	12.	12.
	13.	13.
	14.	14.
	15.	15.
	16.	16.
	17.	17.
	18.	18.
	19.	19.
	20.	20.
	21.	21.
	22.	22.
	23.	23.
	24.	24.
	25.	25.

Mistakes are opportunities to learn

120th day	60th day	180th day
1.	1.	1.
2.	2.	2.
3.	3.	3.
4.	4.	4.
5.	5.	5.
6.	6.	6.
7.	7.	7.
8.	8.	8.
9.	9.	9.
10.	10.	10.
11.	11.	11.
12.	12.	12.
13.	13.	13.
14.	14.	14.
15.	15.	15.
16.	16.	16.
17.	17.	17.
18.	18.	18.
19.	19.	19.
20.	20.	20.
21.	21.	21.
22.	22.	22.
23.	23.	23.
24.	24.	24.
25.	25.	25.

If it is to be, it is up to me to do it.

Words I once had problems spelling, but now I can spell correctly nearly all of the time:

Words I once had problems spelling, but now I can spell correctly nearly all of the time: